병 샐러드로 시작하는

디톡스 워터

카와세 리나 지음 · 김해영 옮김

성안당

시작하며

"손쉽게 깨끗한 피부와 가뿐한 몸을 만들고 싶다."

누구나 한 번쯤 이런 생각을 해 본 적 있지 않나요?

이런 바람을 들어주는 디톡스 워터를 소개합니다.

만드는 법은 아주 간단해요. 식재료를 물에 담그기만 하면 됩니다.

과일과 채소의 영양이 물에 고스란히 스며들어 피부 트러블이나

변비, 다이어트, 부종, 주름, 육체 피로와 같은 내 몸의 고민 해결에 도움을 줍니다.

유리병을 사용해서 상큼한 모양새도 매력 중 하나죠.

컬러풀한 과일이 물에 떠 있는 모양은 아름다워서,

누군가에게 보여주며 자랑하고 싶을 정도입니다.

예쁘게 아름다워지는 디톡스 워터.

이 책은 효능별로 여섯 가지로 나누어 레시피를 실었습니다.

마음에 드는 효능부터 레시피를 선택해서 시험해 보세요.

디톡스 워터가 있는 생활이 일상이 되고,

행복한 이야기와 놀라운 변화가 있기를 기원합니다.

카와세 리나

CONTENTS

시작하며 ·················· 3
디톡스 워터란? ············· 6
디톡스 워터의 효능 ·········· 7
기본 디톡스 워터 만드는 법 ······ 8
Q&A ······················ 10

part 1 ▶ 피부미용 효과 레시피

오렌지&레몬&시나몬 ············ 12
복숭아&로즈힙 ················ 14
카보스&파프리카 ··············· 16
블루베리&라즈베리 ············· 17
골드키위&파인애플&딸기 ········ 18
리치&포도&민트 ··············· 20
망고&레몬밤&코코넛 ············ 20
엘더플라워&레몬 ··············· 21
셀러리&후추&고추 ············· 22
유자&구기자 ·················· 23

column | 01 코디얼 시럽 만드는 법 ······ 24

part 2 ▶ 변비 해소 레시피

레몬&라임&바질 ··············· 26
사과&당근&셀러리 ············· 28
무화과&라즈베리 ··············· 28
장미&딸기 ···················· 30
바나나&블랙베리 ··············· 32
금귤&후추 ···················· 33
차조기&산초 ·················· 33
민트&카모마일 ················· 34
블루베리&치아시드 ············· 35
배&유자 ······················ 36

part 3 ▶ 다이어트 효과 레시피

파인애플&라즈베리 ············· 38
루비자몽&팔각 ················ 40
유자&생강&꿀 ················· 42
오렌지&카르다몸 ··············· 43
쿠민 ························· 43
바나나&민트&코코넛 ············ 44
키위&치아시드 ················· 45
레몬&딜 ······················ 45
사과&시나몬 ·················· 46
레몬그라스&타임 ··············· 48

part 4 ▶ 부종 해소 레시피

자몽&로즈마리&후추 · 50
수박&오이 · 51
붉은 차조기&라임 · 52
망고&파파야 · 54
영귤&펜넬 · 56

고수&생강 · 57
풋사과&정향 · 57
서양배&민트&코코넛 · · · · · · · · · · · · · · · · · · · 58
재스민&레몬 · 59
멜론&블랙베리 · 60

column | 02 디톡스 워터 모둠 · · · · · · · · · 62

part 5 ▶ 안티에이징 레시피

로즈힙&석류 · 64
체리&파인애플 · 66
카보스&국화 · 68
자두&민트&코코넛 · 69
포도&라임 · 70

블루베리&정향 · 71
복숭아&시나몬 · 71
레몬밤&구기자 · 72
유자&타임 · 73
머스캣&세이지 · 74

column | 03 핫 디톡스 워터 만드는 법 · · · 75
column | 04 디톡스 아이스 만드는 법 · · · · 76

part 6 ▶ 심신 안정 효과 레시피

딸기&재스민 · 78
사프란&카르다몸&시나몬 · · · · · · · · · · · · · · 80
파인애플&월계수 · 80
복숭아&프룬 · 82
자몽&민트 · 82

라임&카모마일 · 83
오렌지&라벤더 · 84
레몬&오레가노 · 86
무화과&배&코코넛 · 87
사과&체리 · 88

부록_디톡스 워터 식재료 사전 · · · · · · · · · · · 90

WHAT IS DETOX WATER

디톡스 워터란?

최근 주목받고 있는 디톡스 워터란 대체 뭘까?
우선 기본적인 것부터 소개한다.

식재료를 물에 담그기만 하면 되는 만능 드링크

디톡스 워터란, 물이나 탄산수 등에 과일과 채소를 담가서 영양이 스며들게 한 것이다. 식재료에 따라 내 몸에 맞는 효능이 다르므로, 신경 쓰이는 증상에 맞춰 재료를 선택한다. 만드는 법은 아주 간단하다. 식재료를 물에 담그기만 하면 된다. 매일매일의 수분 섭취를 디톡스 워터로 바꾸어서 자연스럽게 체질을 관리할 수 있다.

필요한 것

물
미네랄워터를 추천한다. 수돗물은 소독약으로 인해 풍미(風味)를 해칠 수 있다. 물 대신 탄산수나 코코넛 워터를 사용해도 된다.

용기
표준 용기는 없지만, 유리병을 사용하면 예쁘게 꾸밀 수 있다. 잡균이 들어가지 않도록 뚜껑이 있는 용기를 추천한다. 만들기 전에 반드시 열탕 소독한다.

식재료
내 몸의 증상에 맞춰 식재료를 선택한다. 이 책에서는 피부미용 효과, 변비 해소, 다이어트 효과, 부종 해소, 안티에이징, 심신 안정 효과 레시피를 소개한다.

EFFECT OF DETOX WATER
디톡스 워터의 효능

이 책에서 다루는 효능은 여섯 가지이다. 필요한 영양소와 포인트를 체크하여
효과적으로 디톡스 워터를 섭취해 보자!

피부미용 효과

오렌지 등에 함유된 수용성 비타민은 피부미용에서 빠질 수 없는 성분이다. 특히 비타민 E는 콜라겐의 생성을 돕는다. 그밖에도 비타민 E를 포함한 식재료를 사용하여, 피부미용 효과를 기대할 수 있는 것이 바로 디톡스 워터다. p.12~23 레시피를 참고하자.

변비 해소

레몬과 딸기에 함유된 펙틴 등의 수용성 식이섬유는 변비 해소에 좋다. 그밖에, 바나나에 함유된 프락토올리고당도 장내 환경을 정리해주는 작용이 있어 추천한다. 변비 해소에 효과 있는 레시피는 p.26~36 레시피를 참고하자.

다이어트 효과

대사 촉진과 지방 연소 효과가 있다는 과일과 채소, 허브를 사용하면 다이어트 효과를 기대할 수 있다. 식욕 증가를 막는 구연산, 공복감을 없애주는 식이섬유도 효과가 있다. p.38~48 레시피를 참고하자.

부종 해소

자몽이나 멜론 등 칼륨이 풍부하게 함유된 과일과 채소, 허브를 사용하여 부종 해소 효과를 기대할 수 있다. 레몬과 라임 등에 함유된 구연산도 부종 해소에 좋다. p.50~61 레시피를 참고하자.

안티에이징

카보스(유자의 일종) 등에 함유된 수용성 비타민은 노화의 원인이 되는 활성산소를 제거하여, 안티에이징 효과를 기대할 수 있다. 자두 등에 함유된 칼륨에 의해 노폐물을 신체 밖으로 내보냄으로써 노화 방지와 연결된다. p.64~74 레시피를 참고하자.

심신 안정 효과

자율신경을 안정시켜 마음의 변화를 온화하게 해주는 재스민과 사프란 등의 향 식재료를 사용하면 안정 효과를 기대할 수 있다. 또한, 파인애플 등에 함유된 구연산과 비타민은 피로한 신체를 풀어주는 효과를 기대할 수 있다. p.78~89 레시피를 참고하자.

MAKING OF DETOX WATER
기본 디톡스 워터 만드는 법

디톡스 워터 만드는 법은 매우 간단하다.
우선 기본 만드는 법을 익혀서, 다양한 식재료를 섭취하자!

1
식재료를 깨끗이 씻는다

껍질째 사용하는 식재료는 농약이 묻어 있을 수가 있으므로 주의해서 깨끗이 씻는다. 또는 얇게 껍질을 벗겨내 농약을 없애준다.

2
용기를 소독한다

식중독을 막기 위해 용기를 소독한다. 내열성 유리병을 사용하는 경우에는 끓인 물(90℃ 이상)에 5분 이상 넣어 열탕 소독한다.

3
식재료를 자른다

식재료에 따라 자르는 법을 달리한다. 식재료를 섬유를 자르듯이 칼로 자르면 식재료가 가진 영양소가 물에 보다 많이 녹아내린다.

SKIN ENHANCEMENT

Part 1

피부미용 효과 레시피

화장을 했는데 잘 받지 않거나, 피부가 칙칙해 보일 때는 몸속부터 피부 상태를 점검해 보자. Part 1에서는 피부미용에 좋은 식재료를 사용한 디톡스 워터를 모았다.

part 1 ▶ 피부미용 효과 레시피

DETOX water

Orange　Lemon　Cinnamon

단맛과 신맛 안에서 시나몬 향이 둥실
오렌지 & 레몬 & 시나몬

비타민 C가 풍부한 오렌지와 시나몬은 미백 효과가 뛰어나다. 시나몬은 신진대사를 높여주는 작용을 하기 때문에 칙칙한 피부를 개선하는 데 도움을 준다.

● 재료 (유리병 1ℓ 분량)

오렌지 · 1/2개
레몬 · 1개
시나몬스틱 · 1개
미네랄 워터 · 1ℓ

● 만드는 법

❶ 오렌지와 레몬을 깨끗이 씻어 각각 2mm 폭으로 둥글게 썬다.

❷ 열탕소독한 유리병에 ❶과 시나몬스틱, 미네랄 워터를 넣고 뚜껑을 닫은 뒤, 냉장고에 4~5시간 둔다.

one point

오렌지는 반으로 자른 뒤 원하는 크기로 반달 모양 자르기를 해도 된다. 레몬은 2mm 폭으로 둥글게 썬다.

part 1 ▶ 피부미용 효과 레시피

상쾌한 신맛이 입 안 가득 적셔주는
복숭아 & 로즈힙

항산화 작용이 강한 비타민 E를 함유한 복숭아와 비타민 C를 많이 함유한 로즈힙은 피부 노화를 막아주어 미백 효과를 기대할 수 있다.

● 재료 (유리병 1ℓ 분량)
복숭아 · 1개
로즈힙 · 3g
미네랄 워터 · 1ℓ

● 만드는 법
① 복숭아는 껍질을 벗기고 반달 모양으로 자른다.

② 열탕소독한 유리병에 ①과 로즈힙, 미네랄 워터를 넣고 뚜껑을 닫은 뒤, 냉장고에 4~5시간 둔다.

one point

복숭아는 껍질을 벗긴 뒤 반으로 자르고, 씨를 제거하여 원하는 크기로 반달 모양 자르기를 한다.

15

빨강·노랑·초록의 신선한 비타민 컬러
카보스 & 파프리카

카보스(유자의 일종)와 노란 파프리카는 피부미용에 중요한 비타민 C가 풍부하다. 빨간 파프리카의 캡사이신 성분에는 피부 톤을 밝게 하는 효과가 있다.

● 재료 (유리병 1ℓ 분량)

카보스 · 1개
빨간 파프리카 · · · · · · · · · · · · · · 1/2개
노란 파프리카 · · · · · · · · · · · · · · 1/2개
미네랄 워터 · · · · · · · · · · · · · · · · · 1ℓ

● 만드는 법

① 카보스¹, 파프리카(빨강, 노랑)를 깨끗이 씻는다. 카보스는 3mm 폭으로 둥글게 썬다. 파프리카는 꼭지를 떼고 씨와 속을 제거하고, 3mm 폭으로 둥글게 썬다.

② 열탕소독한 유리병에 ①과 미네랄 워터를 넣고 뚜껑을 닫은 뒤, 냉장고에 4~5시간 둔다.

one point

카보스¹는 3mm 폭으로 둥글게 썰고, 파프리카는 꼭지를 떼고 씨와 속을 제거한 뒤 3mm 폭으로 둥글게 썬다.

1. 카보스 - 유자의 일종으로, 과육은 신맛이 강하여 식초로 사용된다. 녹색의 두꺼운 껍질은 익으면 황색으로 변하는데 특유의 향이 있어 향미료로 사용된다.

part 1 ▶ 피부미용 효과 레시피

아름다운 피부를 만들어주는
블루베리 & 라즈베리

미백 효과가 있는 엘라그산을 함유한 라즈베리와, 기미와 주름을 예방하는 비타민 E를 함유한 블루베리의 컬래버레이션이 피부를 아름답게 해준다.

● 재료 (유리병 1ℓ 분량)
블루베리 ·····················50g
라즈베리 ·····················50g
미네랄 워터 ···················1ℓ

● 만드는 법
❶ 블루베리, 라즈베리를 깨끗이 씻는다.
❷ 열탕소독한 유리병에 ❶과 미네랄 워터를 넣고 뚜껑을 닫은 뒤, 냉장고에 4~5시간 둔다.

part 1 ▶ 피부미용 효과 레시피

탄산수로 피부미용 효과를 노리는
골드키위 & 파인애플 & 딸기

골드키위는 비타민 산을 많이 함유한 식재료다. 효소를 많이 함유한 파인애플, 폴리페놀이 풍부한 딸기를 더해 피부를 더욱 아름답게 만든다.

● 재료 (유리병 1ℓ 분량)

골드키위	1개
파인애플	50g
딸기	4개
탄산수	1ℓ

● 만드는 법

① 골드키위는 껍질을 벗기고 3mm 폭으로 둥글게 썬다. 파인애플은 껍질을 벗기고 한입 크기로 썬다. 딸기는 깨끗이 씻어서 꼭지를 떼고 반으로 자른다.

② 열탕소독한 유리병에 ①과 탄산수를 넣고 뚜껑을 닫은 뒤, 냉장고에 4~5시간 둔다.

one point

골드키위는 둥글게 썰고, 딸기는 세로로 반으로 썬다. 파인애플은 심을 제거하고, 껍질을 벗긴 뒤 부채꼴로 썬다.

민트를 넣어 상쾌한 맛을 강조!
리치 & 포도 & 민트

콜라겐 생성을 돕는 리치와, 기미와 주름의 원인인 활성산소 제거를 돕는 포도를 조합했다.

● 재료 (유리병 1ℓ 분량)

리치 · 2개
포도 · 4알
민트 · 적당량
미네랄 워터 · 1ℓ

● 만드는 법

❶ 리치는 껍질을 벗긴다. 포도는 깨끗이 씻어 세로로 반으로 자른다. 민트는 깨끗이 씻는다.
❷ 열탕소독한 유리병에 ❶과 미네랄 워터를 넣고 뚜껑을 닫은 뒤, 냉장고에 4~5시간 둔다.

망고와 코코넛의 탁월한 조화
망고 & 레몬밤 & 코코넛

비타민 A, C, E를 함유한 망고에 코코넛 워터를 넣어 시너지 효과를 기대할 수 있다.

● 재료 (유리병 1ℓ 분량)

망고 · 1/2개
레몬밤 · 적당량
코코넛 워터 · 1ℓ

● 만드는 법

❶ 망고는 껍질을 벗기고, 5cm 크기로 깍둑썰기 한다. 레몬밤은 깨끗이 씻는다.
❷ 열탕소독한 유리병에 ❶과 코코넛 워터를 넣고 뚜껑을 닫은 뒤, 냉장고에 4~5시간 둔다.

part 1 ▶ 피부미용 효과 레시피

머스캣과 같은 향이 입 안 가득
엘더플라워 & 레몬

피부 노화를 예방하는 비타민 A를 함유한 엘더플라워에,
비타민 C가 풍부한 레몬을 더해 보다 아름다운 피부를 만들 수 있다.

● 재료 (유리병 1ℓ 분량)
엘더플라워······················5g
레몬······························1개
탄산수···························1ℓ

● 만드는 법
❶ 레몬은 깨끗이 씻고, 2mm 폭으로 둥글게 썬다.

❷ 열탕소독한 유리병에 ❶과 엘더플라워, 탄산수를 넣고 뚜껑을 닫은 뒤, 냉장고에 4~5시간 둔다.

후추와 고추의 자극이 더해진
셀러리 & 후추 & 고추

셀러리는 비타민 E를 함유하여 콜라겐 생성을 촉진한다. 피페린과 캡사이신을 함유한 후추와 고추로 신진대사를 높인다.

● 재료 (유리병 1ℓ 분량)
- 셀러리 잎 ······················ 1/2잎
- 후추 ···························· 1작은술
- 고추 ···························· 1개
- 미네랄 워터 ···················· 1ℓ

● 만드는 법
① 셀러리 잎은 깨끗이 씻는다. 고추는 씨를 제거한다.
② 열탕소독한 유리병에 ①과 후추, 미네랄 워터를 넣고 뚜껑을 닫은 뒤, 냉장고에 4~5시간 둔다.

피부의 회복력을 높이는 효과가 탁월한
유자 & 구기자

유자는 리모넨 등의 피부미용 성분을 함유하고 있고, 구기자는 루틴과 탄닌 등 항산화 성분을 함유하고 있어 피부의 노화 예방에 좋다.

● 재료 (유리병 1ℓ 분량)

유자 · 1개
구기자 · 10g
미네랄 워터 · 1ℓ

● 만드는 법

❶ 유자는 깨끗이 씻고, 2mm 폭으로 둥글게 썬다.

❷ 열탕소독한 유리병에 ❶과 구기자, 미네랄 워터를 넣고 뚜껑을 닫은 뒤, 냉장고에 4~5시간 둔다.

Column | 01 Cordial syrup

코디얼 시럽 만드는 법

코디얼 시럽은 허브와 과일을 바짝 졸여서
보존성이 높은 시럽 형태로 만든 것이다.
디톡스 워터와 마찬가지로 영양 성분이 많다.

오렌지 & 레몬 & 시나몬 코디얼 시럽

● 재료(유리병 500㎖ 분량)

오렌지······················1/2개
레몬························1개
시나몬스틱···················1/2개
첨채당······················180g
따뜻한 물····················적당량

● 만드는 법

❶ 오렌지와 레몬은 깨끗이 씻어 유리병에 넣기에 알맞은 크기로 자른다.

❷ 열탕소독한 유리병에 ❶과 시나몬스틱, 첨채당을 넣고 65℃의 따뜻한 물을 붓는다.

❸ 첨채당이 완전히 녹아 열이 식으면 냉장고에 둔다. 과일은 24시간 이내에 건져낸다.

레시피 변화	왼쪽 아이콘이 붙은 레시피는 코디얼 시럽으로 만들어도 맛있다. 식재료 양을 반 정도로 하고, 첨채당을 더해 레시피에 변화를 주자.
코디얼 시럽 아이콘	

one point

탄산수에 넣어도 맛있고, 맥주나 화이트와인, 샴페인에 타서 마셔도 좋다. 바짝 졸여서 팬케이크와 요구르트에 곁들여 메이플 시럽 대신 먹기도 한다.

CONSTIPATION RELIFE

Part 2

변비 해소 레시피

쾌변은 디톡스의 기본이다. 변비는 체내에 노폐물이 쌓인 상태로, 이는 몸의 불균형으로 이어진다. Part 2에서 다루는 변비 해소 디톡스 워터로 장을 말끔하게 청소해 보자.

part 2 ▶ 변비 해소 레시피

은은한 산미에 바질의 산뜻한 향기가 더해진
레몬 & 라임 & 바질

레몬에 함유된 수용성 식이섬유와 펙틴에는 장의 활동을 촉진시키는 효과를 기대할 수 있다. 바질의 산뜻한 향기가 더해져 심신 안정 효과도 있다.

● 재료 (유리병 1ℓ 분량)
레몬······················1개
라임······················1개
바질····················적당량
미네랄 워터················1ℓ

● 만드는 법
❶ 레몬과 라임은 깨끗이 씻고, 2mm 폭으로 둥글게 썬다. 바질은 깨끗이 씻는다.
❷ 열탕소독한 유리병에 ❶과 미네랄 워터를 넣고 뚜껑을 닫은 뒤, 냉장고에 4~5시간 둔다.

part 2 ▶ 변비 해소 레시피

채소의 풍미에 사과의 단맛을 첨가한
사과 & 당근 & 셀러리

수용성 식물섬유를 풍부하게 함유한 사과와 당근을 사용한다.
칼륨을 많이 함유한 셀러리를 첨가하여 부종 해소 효과를 기대할 수 있다.

● 재료(유리병 1ℓ 분량)

사과 ···································· 1/2개
당근 ···································· 1/3개
셀러리 잎 ······························· 1잎
미네랄 워터 ····························· 1ℓ

● 만드는 법

❶ 사과는 깨끗이 씻고 빗 모양으로 자른다. 당근은 껍질을 벗기고 필러로 얇게 슬라이스한다. 셀러리 잎은 깨끗이 씻는다.

❷ 열탕소독한 유리병에 ❶과 미네랄 워터를 넣고 뚜껑을 닫은 뒤, 냉장고에 4~5시간 둔다.

one point

당근은 필러로 얇게 채썰기 하면 영양이 배어들기 쉽다.

변비 해소와 피부미용 효과를 한번에 해결하는
무화과 & 라즈베리

무화과의 수용성 식물섬유와 탄산수는 장의 활동을 활발하게 해주므로, 변비의 기미가 있는 사람에게 안성맞춤이다. 또한 라즈베리로 피부미용 효과도 노린다.

● 재료(유리병 1ℓ 분량)

무화과 ·································· 2개
라즈베리 ······························· 30g
탄산수 ································· 1ℓ

● 만드는 법

❶ 무화과는 껍질을 벗기고 반달 모양으로 자른다. 라즈베리는 깨끗이 씻는다.

❷ 열탕소독한 유리병에 ❶과 탄산수를 넣고 뚜껑을 닫은 뒤, 냉장고에 4~5시간 둔다.

one point

무화과는 우선 껍질을 벗긴 뒤 원하는 크기의 반달 모양으로 자른다.

장밋빛으로 물든 화려한 워터
장미 & 딸기

딸기에 함유된 펙틴은 장내의 노폐물을 밀어내 장을 깨끗하게 하는 효과가 있다.
장미 잎은 혈액순환을 원활하게 해주는 것으로 알려져 있으며, 피부미용 효과도 있다.

part 2 ▶ 변비 해소 레시피

● 재료 (유리병 1ℓ 분량)

장미 잎·················10g
딸기··················10개
레몬즙···············1작은술
미네랄 워터············1ℓ

● 만드는 법

❶ 장미 잎 5g을 레몬즙에 문지른다. 딸기는 깨끗이 씻어 꼭지를 제거하고 세로로 반으로 자른다.

❷ 열탕소독한 유리병에 ❶과 남은 장미 잎, 미네랄 워터를 넣고 뚜껑을 닫은 뒤, 냉장고에 4~5시간 둔다.

one point

장미 잎을 레몬즙에 문지르면 색이 선명해진다.

블랙베리의 신맛이 바나나의 단맛을 UP 시켜주는
바나나 & 블랙베리

바나나에 함유된 프락토올리고당은 장내 환경을 정리해주는 작용을 한다. 블랙베리는 신진대사를 활발하게 한다.

● 재료 (유리병 1ℓ 분량)
바나나·······························1개
블랙베리·····························20g
미네랄 워터···························1ℓ

● 만드는 법
① 바나나는 껍질을 벗기고, 2cm 폭으로 둥글게 자른다. 블랙베리는 깨끗이 씻는다.
② 열탕소독한 유리병에 ①과 미네랄 워터를 넣고 뚜껑을 닫은 뒤, 냉장고에 4~5시간 둔다.

part 2 ▶ 변비 해소 레시피

에스닉 요리와 잘 어울리는 궁합
금귤 & 후추

식물섬유가 풍부한 금귤은 변비 해소에 효과적이다. 후추도 장에 좋다고 알려져 있다.

● 재료 (유리병 1ℓ 분량)

금귤 ··· 3개
후추(알) ··· 1작은술
미네랄 워터 ··· 1ℓ

● 만드는 법

① 금귤은 깨끗이 씻고, 반으로 자른다.

② 열탕소독한 유리병에 ①과 후추, 미네랄 워터를 넣고 뚜껑을 닫은 뒤, 냉장고에 4~5시간 둔다.

식사할 때 곁들이는 음료로도 좋은
차조기 & 산초

산초의 산쇼올은 장의 활동을 활발하게 한다. 차조기는 소화 촉진 효과가 있다고 알려져 있어 변비 해소에 도움을 준다.

● 재료 (유리병 1ℓ 분량)

차조기 ·· 3장
산초(알) ··· 1작은술
미네랄 워터 ··· 1ℓ

● 만드는 법

① 차조기를 2mm 폭으로 얇게 썬다.

② 열탕소독한 유리병에 ①과 산초, 미네랄 워터를 넣고 뚜껑을 닫은 뒤, 냉장고에 4~5시간 둔다.

신선하고 산뜻한 향이 감도는
민트 & 카모마일

카모마일은 정장 효과가 있어서 변비를 해소하는 데 좋은 허브이다.
디톡스 효과가 높은 민트는 부종 해소 효과가 있다.

● 재료 (유리병 1ℓ 분량)

민트 ····················· 적당량
카모마일 ··················· 적당량
미네랄 워터 ··················· 1ℓ

● 만드는 법

① 민트와 카모마일을 깨끗이 씻는다.

② 열탕소독한 유리병에 ①과 미네랄 워터를 넣고 뚜껑을 닫은 뒤, 냉장고에 4~5시간 둔다.

톡톡 씹히는 식감이 재미있는
블루베리 & 치아시드

장내 환경을 개선해주는 식이섬유 성분을 함유한 블루베리와 식물섬유가 풍부한 치아시드는 변비 해소에 탁월하다.

● 재료 (유리병 1ℓ 분량)

블루베리 ······················ 50g
치아시드 ······················ 1작은술
미네랄 워터 ····················· 1ℓ

● 만드는 법

① 블루베리는 깨끗이 씻는다.

② 열탕소독한 유리병에 ①과 치아시드, 미네랄 워터를 넣고 뚜껑을 닫은 뒤, 냉장고에 4~5시간 둔다.

배의 단맛과 유자의 신맛이 조화를 이루는

배 & 유자

돌세포라는 식물섬유를 함유한 배와, 정장 작용을 하는 펙틴을 함유한 유자가 만나 변비 해소 효과를 기대할 수 있다.

● 재료 (유리병 1ℓ 분량)

배 ·····················1/2개
유자 ···················1/2개
미네랄 워터 ············1ℓ

● 만드는 법

❶ 배는 껍질을 벗기고, 2cm 폭으로 얇게 썬다. 유자는 깨끗이 씻어서 1cm 폭으로 둥글게 썬다.

❷ 열탕소독한 유리병에 ❶과 미네랄 워터를 넣고 뚜껑을 닫은 뒤, 냉장고에 4~5시간 둔다.

DIETING EFFECT

Part
3

다이어트 효과 레시피

신진대사를 높여주고, 지방 연소를 촉진하는 식재료를 잘 이용하면 다이어트에 도움을 주는 디톡스 워터가 된다. 자주 마시는 습관을 들여 예쁜 몸을 만들어 보자.

part 3 ▶ 다이어트 효과 레시피

새콤달콤한 풍미가 터지는
파인애플 & 라즈베리

파인애플은 다이어트에 빠질 수 없는 효소를 많이 함유하고 있으며, 라즈베리는 라즈베리케톤이라는 폴리페놀을 함유하고 있어서 지방 분해를 활발하게 한다.

● 재료 (유리병 1ℓ 분량)

파인애플 · 100g
라즈베리 · 20g
탄산수 · 1ℓ

● 만드는 법

❶ 파인애플은 껍질을 벗기고, 4cm 크기로 깍둑썰기 한다. 라즈베리는 깨끗이 씻는다.

❷ 열탕소독한 유리병에 ❶과 탄산수를 넣고 뚜껑을 닫은 뒤, 냉장고에 4~5시간 둔다.

팔각의 달콤한 향에 치유되는
루비자몽 & 팔각

루비자몽은 특유의 쓴맛과 향에 다이어트 효과를 내는 성분이 있다.
향이 강한 팔각은 신진대사를 높이고, 냉증 개선과 부종 해소 효과가 있다.

● 재료 (유리병 1ℓ 분량)
루비자몽 ······················1/2개
팔각 ···························3개
미네랄 워터 ·····················1ℓ

● 만드는 법
① 루비자몽은 깨끗이 씻고, 5mm 폭의 반달 모양으로 썬다.
② 열탕소독한 유리병에 ①과 팔각, 미네랄 워터를 넣고 뚜껑을 닫은 뒤, 냉장고에 4~5시간 둔다.

part 3 ▶ 다이어트 효과 레시피

궁합이 탁월한 식재료! 뜨겁게 해도 맛있는
유자 & 생강 & 꿀

유자와 생강은 내 몸을 따뜻하게 하고 신진대사를 촉진한다. 꿀은 비타민과 미네랄을 함유하고 있어 다이어트 중 영양을 공급하는 데에도 좋다.

one point

생강 껍질에는 영양이 풍부하게 함유되어 있으므로 껍질째 사용한다.

● 재료 (유리병 1ℓ 분량)

유자 ·················· 1개
생강 ·················· 10g
꿀 ··················· 2작은술
미네랄 워터 ············ 1ℓ

● 만드는 법

① 유자, 생강은 깨끗이 씻는다. 각각 껍질째 2mm 폭으로 둥글게 썬다.

② 열탕소독한 유리병에 ①과 꿀, 미네랄 워터를 넣고 뚜껑을 닫은 뒤, 냉장고에 4~5시간 둔다.

part 3 ● 다이어트 효과 레시피

오렌지의 풍미가 느껴지는 강한 맛
오렌지 & 카르다몸

오렌지는 지방 연소 작용을, 카르다몸은 디톡스 작용을 한다.

● 재료 (유리병 1ℓ 분량)
오렌지 ·· 1개
카르다몸 ·· 3g
미네랄 워터 ··· 1ℓ

● 만드는 법
1. 오렌지는 깨끗이 씻고, 3mm 폭으로 둥글게 썬다.
2. 열탕소독한 유리병에 1과 카르다몸, 미네랄 워터를 넣고 뚜껑을 닫은 뒤, 냉장고에 4~5시간 둔다.

향이 강한 쿠민으로 간단 디톡스 워터
쿠민

지방 연소 효과가 있는 쿠민의 강한 방향 효과가 기대치를 높게 만든다.

● 재료 (유리병 1ℓ 분량)
쿠민 ··· 1작은술
미네랄 워터 ··· 1ℓ

● 만드는 법
1. 열탕소독한 유리병에 쿠민과 미네랄 워터를 넣고 뚜껑을 닫은 뒤, 냉장고에 4~5시간 둔다.

코코넛 워터로 하와이안 분위기를!
바나나 & 민트 & 코코넛

칼륨이 풍부한 바나나는 체내의 독소를 배출하고, 이상적인 몸으로 만들어주는 효과가 있다. 코코넛 워터를 더하면 배출 효과가 배가된다.

● 재료 (유리병 1ℓ 분량)

바나나 ·························· 1개
민트 ·························· 적당량
코코넛 워터 ·························· 1ℓ

● 만드는 법

① 바나나는 껍질을 벗기고, 3mm 폭으로 둥글게 썬다. 민트는 깨끗이 씻는다.

② 열탕소독한 유리병에 ①과 코코넛 워터를 넣고 뚜껑을 닫은 뒤, 냉장고에 4~5시간 둔다.

one point

바나나는 얇게 썰어야 영양이 배어나오기 쉽다.

part 3 ▶ 다이어트 효과 레시피

치아시드의 톡톡 터지는 식감이 즐거운
키위 & 치아시드

치아시드는 다이어트에 좋은 오메가3 지방산을 함유하고, 식이섬유도 풍부해서 과식 방지를 돕는다.

● 재료 (유리병 1ℓ 분량)
키위 ·····································1개
치아시드 ·······························1작은술
미네랄 워터 ··························1ℓ

● 만드는 법
❶ 키위는 껍질을 벗기고, 5mm 폭으로 둥글게 썬다.

❷ 열탕소독한 유리병에 ❶과 치아시드, 미네랄워터를 넣고 뚜껑을 닫은 뒤, 냉장고에 4~5시간 둔다.

딜의 산뜻한 향이 상쾌함을 주는
레몬 & 딜

레몬의 구연산은 식욕 증가를 억제하는 효과가 있고, 수용성 식이섬유인 펙틴이 장을 팽창시켜 공복감을 방지한다.

● 재료 (유리병 1ℓ 분량)
레몬 ·····································1개
딜 ··적당량
미네랄 워터 ··························1ℓ

● 만드는 법
❶ 레몬은 깨끗이 씻어서 2mm 폭으로 얇게 썬다. 딜은 깨끗이 씻는다.

❷ 열탕소독한 유리병에 ❶과 딜, 미네랄 워터를 넣고 뚜껑을 닫은 뒤, 냉장고에 4~5시간 둔다.

part 3 ▶ 다이어트 효과 레시피

애플파이처럼 감미로운 향이 좋은
사과 & 시나몬

시나몬은 신진대사를 높이고, 지방을 연소시키는 효과가 있다. 배출 작용이 강한 사과는 체내에 쌓인 노폐물을 밖으로 내보내 부종 개선에도 효과적이다.

● 재료 (유리병 1ℓ 분량)

사과 · 1/2개
시나몬스틱 · 1개
미네랄 워터 · 1ℓ

● 만드는 법

① 사과는 깨끗이 씻고, 3mm 폭으로 얇게 썬다.
② 열탕소독한 유리병에 ①과 시나몬스틱, 미네랄 워터를 넣고 뚜껑을 닫은 뒤, 냉장고에 4~5시간 둔다.

one point

사과 껍질은 영양이 풍부하므로 껍질째 얇게 썬다.

허브티와 같은 향이 퍼지는
레몬그라스 & 타임

사포닌을 함유한 타임은 지방 분해 작용이 있어 다이어트에 최적이다. 레몬그라스는 신진대사를 높이는 데 효과적이다.

● 재료 (유리병 1ℓ 분량)
레몬그라스 · 2개
타임 · 4개
미네랄 워터 · 1ℓ

● 만드는 법
1. 레몬그라스, 타임은 깨끗이 씻는다.
2. 열탕소독한 유리병에 레몬그라스, 타임, 미네랄 워터를 넣고 뚜껑을 닫은 뒤, 냉장고에 4~5시간 둔다.

SUBSIDING SWELLING

Part 4

부종 해소 레시피

부종의 원인은 체내에 남은 수분, 즉 노폐물이 쌓여 있기 때문이다. 이때는 칼륨 등의 독소를 배출해 주는 영양소를 섭취하는 것이 효과적이다. 이러한 영양분을 함유한 디톡스 워터로 부종을 해결해 보자.

로즈마리로 향을, 후추로 강한 맛을 느껴보자!
자몽 & 로즈마리 & 후추

칼륨을 많이 함유한 자몽은 부종 해소에 안성맞춤이다.
디톡스 효과가 있는 로즈마리, 여기에 신진대사를 높이는 후추를 더해
부종 해소 효과를 높여 보자.

● 재료 (유리병 1ℓ 분량)

자몽························1/2개
로즈마리·····················2개
후추······················1작은술
미네랄 워터···················1ℓ

● 만드는 법

① 자몽은 깨끗이 씻고 5mm 폭으로 둥글게 썬다. 로즈마리는 깨끗이 씻는다.

② 열탕소독한 유리병에 ①과 후추, 미네랄 워터를 넣고 뚜껑을 닫은 뒤, 냉장고에 4~5시간 둔다.

part 4 ▶ 부종 해소 레시피

시원한 모양새가 여름에 딱!
수박 & 오이

칼륨을 많이 함유한 식품으로 유명한 수박과 오이로
만든 디톡스 워터이다.
다리 부종을 말끔히 개선하는 효과가 있다.

● 재료 (유리병 1ℓ 분량)

수박 ·································· 100g
오이 ·································· 1/2개
미네랄 워터 ··························· 1ℓ

● 만드는 법

① 수박은 깨끗이 씻어서 5cm 크기로 깍둑썰기 한다. 오이는 깨끗이 씻어서 필러로 리본 모양을 만든다.

② 열탕소독한 유리병에 ①과 미네랄 워터를 넣고 뚜껑을 닫은 뒤, 냉장고에 4~5시간 둔다.

part 4 ▶ 부종 해소 레시피

간단하면서도 꾸준히 사랑 받는 음료
붉은 차조기 & 라임

미용 성분의 보물이라고 불리는 붉은 차조기는 부종 개선에도 효과적이다. 여기에 구연산이 많이 함유된 라임을 더하면 효과가 더욱 높아진다.

● 재료 (유리병 1ℓ 분량)
붉은 차조기 ······················· 3장
라임 ······························ 1개
미네랄 워터 ······················ 1ℓ

● 만드는 법
❶ 붉은 차조기는 깨끗이 씻어서 채썬다. 라임은 잘 씻어서 3mm 폭으로 둥글게 썬다.
❷ 열탕소독한 유리병에 ❶과 미네랄 워터를 넣고 뚜껑을 닫은 뒤, 냉장고에 4~5시간 둔다.

one point

붉은 차조기를 채썰면 영양이 잘 배어나온다.

53

part 4 ▶ 부종 해소 레시피

여름 과일로 기분이 즐거워지는
망고 & 파파야

미용 성분을 많이 함유한 망고와 독소 효과가 높은 파파야는 부종 예방은 물론 피부미용 대책에도 좋다.

● 재료 (유리병 1ℓ 분량)

망고·····················50g
파파야····················10g
미네랄 워터················1ℓ

● 만드는 법

① 망고와 파파야는 껍질을 벗기고, 2cm 크기로 깍둑썰기 한다.

② 열탕소독한 유리병에 ①과 미네랄 워터를 넣고 뚜껑을 닫은 뒤, 냉장고에 4~5시간 둔다.

one point

망고와 파파야는 2cm 폭으로 깍둑썰기 하면, 통통하고 귀여운 모양이 된다.

펜넬의 향이 점점 좋아지는
영귤 & 펜넬

신체의 정화제라고도 불리는 펜넬은 체내의 독소와 여분의 수분을 밖으로 내보낸다. 영귤의 구연산이 그 효과를 높여준다.

● 재료 (유리병 1ℓ 분량)

영귤·······································2개
펜넬·······································적당량
미네랄 워터·······························1ℓ

● 만드는 법

① 영귤은 깨끗이 씻고, 2mm 폭으로 둥글게 썬다. 펜넬은 깨끗이 씻는다.

② 열탕소독한 유리병에 ①과 미네랄 워터를 넣고 뚜껑을 닫은 뒤, 냉장고에 4~5시간 둔다.

part 4 ▶ 부종 해소 레시피

에스닉 요리에 곁들이면 딱!
고수 & 생강

디톡스 작용이 강한 고수는 부종 해소에 탁월한 식재료이다. 생강이 혈액 순환을 촉진하고 부종 해소도 돕는다.

● 재료 (유리병 1ℓ 분량)
고수····················10g
생강····················10g
미네랄 워터················1ℓ

● 만드는 법
① 고수는 깨끗이 씻는다. 생강은 2mm 폭으로 얇게 썬다.
② 열탕소독한 유리병에 ①과 미네랄 워터를 넣고 뚜껑을 닫은 뒤, 냉장고에 4~5시간 둔다.

자극적인 정향에 새콤달콤함을 더했다
풋사과 & 정향

독소를 밖으로 내보내는 작용을 하는 풋사과와 신진대사를 높이는 정향은 얼굴 부기와 칙칙한 피부를 되돌리는 효과가 있다.

● 재료 (유리병 1ℓ 분량)
풋사과···················1/2개
정향·····················3g
미네랄 워터················1ℓ

● 만드는 법
① 풋사과는 깨끗이 씻어서 4등분 한 뒤 3mm 폭으로 얇게 썬다.
② 열탕소독한 유리병에 ①과 정향, 미네랄 워터를 넣고 뚜껑을 닫은 뒤, 냉장고에 4~5시간 둔다.

칼륨이 디톡스를 촉진하는
서양배 & 민트 & 코코넛

칼륨을 풍부하게 함유한 서양배와 코코넛의 조화가 좋다.
부종 해소의 시너지 효과를 볼 수 있는 디톡스 워터이다.

● 재료 (유리병 1ℓ 분량)
서양배 ····················· 1개
민트 ······················ 적당량
코코넛 워터 ················· 1ℓ

● 만드는 법
❶ 서양배는 껍질을 벗기고 반달 모양으로 자른다. 민트는 깨끗이 씻는다.

❷ 열탕소독한 유리병에 ❶과 코코넛 워터를 넣고 뚜껑을 닫은 뒤, 냉장고에 4~5시간 둔다.

part 4 ▶ 부종 해소 레시피

코디얼 시럽으로 해도 맛있는
재스민 & 레몬

배출 효과가 높은 재스민과, 부종 해소에 효과적인 구연산을 많이 함유한 레몬을 사용하여 산뜻한 맛이 일품이다.

● 재료(유리병 1ℓ 분량)
- 재스민 ·················· 5g
- 레몬 ·················· 1/2개
- 미네랄 워터 ·················· 1ℓ

● 만드는 법
1. 레몬은 깨끗이 씻고, 3mm 폭으로 둥글게 썬다.
2. 열탕소독한 유리병에 ①과 재스민, 미네랄 워터를 넣고 뚜껑을 닫은 뒤, 냉장고에 4~5시간 둔다.

part 4 ▶ 부종 해소 레시피

블랙베리가 멜론의 풍미를 확 살려주는
멜론 & 블랙베리

멜론은 칼륨을 매우 많이 함유하고 있어서 부종 해소에 최적의 과일이다. 블랙베리도 칼륨을 함유하고 있어서 항산화 작용은 물론 안티에이징 효과가 있다.

● 재료 (유리병 1ℓ 분량)
멜론 ·································50g
블랙베리 ····························20g
미네랄 워터 ··························1ℓ

● 만드는 법
① 멜론은 껍질을 벗기고, 3cm 크기로 깍둑썰기 한다. 블랙베리는 깨끗이 씻는다.
② 열탕소독한 유리병에 ①과 미네랄 워터를 넣고 뚜껑을 닫은 뒤, 냉장고에 4~5시간 둔다.

one point

멜론은 껍질을 벗기고 씨를 제거한 뒤 3cm 크기로 깍둑썰기 한다.

Column | 02

디톡스 워터 모둠

이 책에서 다루는 디톡스 워터 중에서
양식, 일식, 중식, 에스닉 요리에 어울리는 음료를 소개한다.

차조기&산초 ▶p.33

일식 ×

섬세한 간을 많이 쓰는 일식에는 차조기의 산뜻한 풍미가 좋다. 간을 방해하지 않는 풍미이므로 추천할 만하다.

기타
▶ p.56 영귤&펜넬
▶ p.68 카보스&국화

자몽&로즈마리 & 후추 ▶p.50

양식 ×

진한 소스를 많이 쓰는 양식에는 산뜻한 산미와 향이 있는 자몽이 입가심하는 데 딱이다.

기타
▶ p.26 레몬&라임&바질
▶ p.43 오렌지&카르다몸

고수&생강 ▶p.57

에스닉 ×

풍부한 고수의 향과 생강의 얼얼한 맛이 에스닉 요리와 잘 어울린다.

기타
▶ p.43 쿠민
▶ p.80 사프란&카르다몸&시나몬

레몬밤&구기자 ▶p.72

중식 ×

기름진 요리가 많은 중식에는 레몬밤의 산뜻한 맛이 어울린다. 입 안을 산뜻하게 해 주는 효과를 기대할 수 있다.

기타
▶ p.40 루비자몽&팔각
▶ p.80 파인애플&월계수

ANTIAGING EFFECT

Part
5

안티에이징 레시피

항산화 작용이 강한 식재료는 기미와 주름의 예방 및 개선에 좋다. 피부미용 효과가 있는 식재료를 조합하면 보다 나은 안티에이징 효과를 기대할 수 있다. 오늘 바로 시작해서 항상 젊은 피부를 유지하자.

part 5 ▶ 안티에이징 레시피

담백한 풍미와 깔끔한 뒷맛이 일품
로즈힙 & 석류

석류는 비타민 C와 항산화 성분인 폴리페놀이 풍부하여 안티에이징 효과가 높은 과일이다. 비타민 C를 함유한 로즈힙은 미백 효과도 기대할 수 있다.

● 재료 (유리병 1ℓ 분량)
로즈힙·······························3g
석류································1/2개
미네랄 워터···························1ℓ

● 만드는 법
① 스푼 등으로 석류 열매를 꺼낸다.

② 열탕소독한 유리병에 ①과 로즈힙, 미네랄 워터를 넣고 뚜껑을 닫은 뒤, 냉장고에 4~5시간 둔다.

one point

석류 열매는 스푼으로 떠내듯 꺼낸다.

65

pineapple cherry

part 5 ▶ 안티에이징 레시피

귀여운 모양새를 보면 덩달아 젊어지는 기분!
체리 & 파인애플

체리는 안티에이징 효과가 높은 안토시아닌을 많이 함유하고 있다.
효소가 풍부한 파인애플을 조합하면 피부미용 효과도 기대할 수 있다.

● 재료 (유리병 1ℓ 분량)
체리·················8개
파인애플············100g
미네랄 워터···········1ℓ

● 만드는 법
① 체리는 깨끗이 씻어서 꼭지를 떼어 내고, 씨를 피해 반으로 자른다. 파인애플은 껍질을 벗기고, 4cm 크기로 깍둑썰기 한다.

② 열탕소독한 유리병에 ①과 미네랄 워터를 넣고 뚜껑을 닫은 뒤, 냉장고에 4~5시간 둔다.

일식에 어울리는 안티에이징
카보스 & 국화

엽산과 비타민 E를 함유한 국화는 항산화 작용이 강하고, 기미와 주름 개선 및 예방에도 좋다.

● 재료 (유리병 1ℓ 분량)

카보스	1개
식용 국화	5g
미네랄 워터	1ℓ

● 만드는 법

1. 카보스는 깨끗이 씻어서 3mm 폭으로 둥글게 썬다. 국화는 깨끗이 씻어서 꽃잎을 떼어낸다.
2. 열탕소독한 유리병에 ①과 미네랄 워터를 넣고 뚜껑을 닫은 뒤, 냉장고에 4~5시간 둔다.

part 5 ▶ 안티에이징 레시피

자두의 산미와 민트의 청량감의 멋진 조화
자두 & 민트 & 코코넛

칼륨을 함유한 자두와 코코넛 워터는 노폐물을 배출하는 데 효과적이다.

● 재료 (유리병 1ℓ 분량)

자두··3개
민트··적당량
코코넛 워터··1ℓ

● 만드는 법

① 자두는 깨끗이 씻어서 씨를 제거하고 반달 모양으로 자른다. 민트는 깨끗이 씻는다.

② 열탕소독한 유리병에 ①과 코코넛 워터를 넣고 뚜껑을 닫은 뒤, 냉장고에 4~5시간 둔다.

계속 먹고 싶어지는 단맛과 신맛의 균형
포도 & 라임

포도에 함유된 레스베라트롤은 회춘 성분이라고 불릴 정도로 항산화 작용이 강하고 안티에이징 효과가 있다.

● 재료 (유리병 1ℓ 분량)
포도·····················4알
라임·····················1개
미네랄 워터 ··············1ℓ

● 만드는 법
① 포도는 깨끗이 씻어서 반으로 자른다. 라임은 깨끗이 씻어서 반달 모양으로 자른다.

② 열탕소독한 유리병에 ①과 미네랄 워터를 넣고 뚜껑을 닫은 뒤, 냉장고에 4~5시간 둔다.

one point

포도는 반으로 자르면 영양이 잘 스며든다. 라임은 둥글게 잘라도 상관없다.

part 5 ▶ 안티에이징 레시피

눈 피로를 덜어주는 블루베리의 효과가 좋은
블루베리 & 정향

안티에이징 효과가 있는 안토시아닌이 풍부한 블루베리와, 항산화 성분인 오이게놀을 함유한 정향의 조화가 일품이다.

● 재료 (유리병 1ℓ 분량)

블루베리 ····················50g
정향 ·······················3g
미네랄 워터 ···················1ℓ

● 만드는 법

❶ 블루베리는 깨끗이 씻는다.

❷ 열탕소독한 유리병에 ❶과 정향, 미네랄 워터를 넣고 뚜껑을 닫은 뒤, 냉장고에 4~5시간 둔다.

과자의 식재료를 드링크에 넣은
복숭아 & 시나몬

폴리페놀 등의 항산화 성분을 함유한 복숭아는 노화를 막고 피부미용 효과도 기대할 수 있다. 시나몬 성분은 신진대사를 높여준다.

● 재료 (유리병 1ℓ 분량)

복숭아 ·····················1개
시나몬스틱 ···················1개
미네랄 워터 ···················1ℓ

● 만드는 법

❶ 복숭아는 껍질을 벗기고 반달 모양으로 자른다.

❷ 열탕소독한 유리병에 ❶과 시나몬스틱, 미네랄 워터를 넣고 뚜껑을 닫은 뒤, 냉장고에 4~5시간 둔다.

중화요리와 잘 어울리는 음료의 탄생
레몬밤 & 구기자

항산화 성분을 함유한 레몬밤과 안티에이징에 빠질 수 없는 루틴과 탄닌 등의 성분을 함유한 구기자는 기미와 주름 예방 대책에 좋다.

● 재료 (유리병 1ℓ 분량)

레몬밤 ······················적당량
구기자 ······················10g
미네랄 워터 ···················1ℓ

● 만드는 법

① 열탕소독한 유리병에 깨끗이 씻은 레몬밤과 구기자, 미네랄 워터를 넣고 뚜껑을 닫은 뒤, 냉장고에 4~5시간 둔다.

part 5 ▶ 안티에이징 레시피

산뜻한 풍미가 생수 대용으로 일품
유자 & 타임

타임은 항산화 작용이 강한 플라보노이드를 함유하고 있어 안티에이징 효과가 뛰어나다. 유자는 비타민 C와 리모넨 등 피부미용에 좋은 성분을 함유하고 있다.

● 재료 (유리병 1ℓ 분량)
유자 ·· 1개
타임 ·· 4개
탄산수 ··· 1ℓ

● 만드는 법

❶ 유자는 깨끗이 씻어서 2mm 폭으로 얇게 썬다. 타임은 깨끗이 씻는다.

❷ 열탕소독한 유리병에 ❶과 탄산수를 넣고 뚜껑을 닫은 뒤, 냉장고에 4~5시간 둔다.

머스캣의 단맛 속에 통통 튀는 세이지의 쌉쌀함
머스캣 & 세이지

칼륨을 함유한 머스캣은 체내의 노폐물을 배출하고 안티에이징에 효과적이다.
세이지를 더하면 심신 안정 효과도 볼 수 있다.

● 재료(유리병 1ℓ 분량)

머스캣 ·················· 6알
세이지 ·················· 적당량
미네랄 워터 ············· 1ℓ

● 만드는 법

① 머스캣은 깨끗이 씻어서 반으로 자른다. 세이지는 깨끗이 씻는다.

② 열탕소독한 유리병에 ①과 미네랄 워터를 넣고 뚜껑을 닫은 뒤, 냉장고에 4~5시간 둔다.

Column | 03   Hot Detox Water

핫 디톡스 워터 만드는 법

이 책에 실린 디톡스 워터 중에서는
뜨겁게 만들어서 마셔도 맛있는 것이 많다.
추운 계절에 따뜻한 드링크를 즐겨 보자.

유자 & 구기자
핫 디톡스 워터

● 재료 (유리병 500㎖ 분량)
유자 ····················· 1/2개
구기자···················· 10g
따뜻한 물············· 500㎖

● 만드는 법
❶ 유자는 깨끗이 씻어서 2mm 폭으로 둥글게 썬다.
❷ 열탕소독한 유리병에 ❶과 구기자를 넣고 따뜻한 물을 붓는다.

레시피 변화

핫 디톡스 워터 아이콘

왼쪽 아이콘이 붙어 있는 레시피는 핫 디톡스 워터로 마셔도 맛있다. 냉수를 온수로 바꾼 것뿐이므로 만드는 법도 간단하다.

one point

따뜻한 물을 부으면 영양소 배출이 빨라진다. 식었다면 작은 냄비에 다시 데워서 마셔도 된다.

Column | 04   Iced Detox Water

디톡스 아이스 만드는 법

여름에는 취향에 맞게 디톡스 워터를 얼려서
차갑게 한 잔 즐겨보자.
휴대하고 다닐 때는 식재료의 형태가 손상되지 않도록 주의한다.

과일 & 허브 & 꽃 디톡스 아이스

● 재료 (유리병 500㎖ 분량)

딸기	5개
블루베리	10g
민트	적당량
식용 꽃	5g
미네랄 워터	적당량

● 만드는 법

❶ 딸기는 깨끗이 씻어서 꼭지를 떼어내고, 2cm 크기로 깍둑썰기 한다. 블루베리와 민트는 깨끗이 씻는다.

❷ 얼음용 그릇에 ❶과 식용 꽃을 넣고 미네랄 워터를 부은 뒤, 냉동고에서 식힌다.

레시피 변화

이 책에 실린 레시피는 모두 디톡스 아이스로 만들 수 있다. 아이스 용기에 맞춰 식재료를 작게 잘라 넣으면 좋다.

one point

디톡스 워터를 그대로 얼려도 된다. 여름에 외출할 때 챙기면 요긴하다. 또한 손님에게 시원하게 한 잔 내놓아도 손색이 없을 것이다.

RELAXING EFFECT

Part
6

심신 안정 효과 레시피

내 몸을 쉬게 하는 것은 미용에 아주 중요하다. 마음을 편하게 하는 향이나, 피로 회복 효과가 있는 디톡스 워터로 한숨 돌리며 안정을 취해보자. 가끔은 피로에 지친 몸에 상을 주자.

part 6 ▶ 심신 안정 효과 레시피

재스민 향에 심신이 치유되며 천천히 음미하는
딸기 & 재스민

재스민에 함유된 벤질아세테이트라는 향 성분은 심신을 차분하게 하는 효과가 있다. 딸기의 비타민 C는 피로 회복에 도움 된다.

● 재료 (유리병 1ℓ 분량)

딸기 ·····················10개
재스민 ·····················3g
미네랄 워터 ·····················1ℓ

● 만드는 법

❶ 딸기는 깨끗이 씻어서 꼭지를 떼어내고, 반으로 자른다.
❷ 열딩소독한 유리병에 ❶과 재스민, 미네랄 워터를 넣고 뚜껑을 닫은 뒤, 냉장고에 4~5시간 둔다.

one point

딸기는 통째로 넣는 것보다 반을 자르면 영양이 더 잘 배어나온다.

part 6 ▶ 심신 안정 효과 레시피

선명한 노란색이 아름다운 드링크

사프란 & 카르다몸 & 시나몬

사프란은 자율신경을 정돈시켜, 심신을 차분하게 해 준다. 카르다몸의 향을 더하면 느긋한 시간을 한층 만끽할 수 있다.

● 재료 (유리병 1ℓ 분량)

사프란 ·························· 적당량
카르다몸 ·························· 3g
시나몬스틱 ·························· 1개
미네랄 워터 ·························· 1ℓ

● 만드는 법

❶ 열탕소독한 유리병에 사프란, 카르다몸, 시나몬, 미네랄 워터를 넣고 뚜껑을 닫은 뒤, 냉장고에 4~5시간 둔다.

파인애플의 신맛에 월계수의 향을 더한

파인애플 & 월계수

파인애플의 구연산 성분은 피로 회복을 돕는다. 월계수는 혈액순환을 촉진시켜 몸을 따뜻하게 해주어 안정 효과를 얻을 수 있다.

● 재료 (유리병 1ℓ 분량)

파인애플 ·························· 150g
월계수 ·························· 2잎
미네랄 워터 ·························· 1ℓ

● 만드는 법

❶ 파인애플은 껍질을 벗기고 부채꼴로 썬다.
❷ 열탕소독한 유리병에 ❶과 월계수, 미네랄 워터를 넣고 뚜껑을 닫은 뒤, 냉장고에 4~5시간 둔다.

만능 식재료 프룬으로 신체에 휴식을!
복숭아 & 프룬

피로 회복 효과가 강한 복숭아와, 철분과 비타민 A가 풍부한 프룬이 만났다. 체력을 회복하고 싶을 때 강력 추천한다.

● 재료 (유리병 1ℓ 분량)

복숭아·······································1개
말린 프룬···································2개
미네랄 워터·································1ℓ

● 만드는 법

❶ 복숭아는 껍질을 벗기고, 반달 모양으로 자른다. 말린 프룬은 반으로 자른다.
❷ 열탕소독한 유리병에 ❶과 미네랄 워터를 넣고 뚜껑을 닫은 뒤, 냉장고에 4~5시간 둔다.

산뜻한 민트로 기분 전환!
자몽 & 민트

피로 회복 효과가 있는 자몽의 구연산 성분에, 민트의 산뜻한 향을 더해 안정 효과를 극대화하는 디톡스 워터가 탄생했다.

● 재료 (유리병 1ℓ 분량)

자몽·······································1/2개
민트·······································적당량
탄산수·····································1ℓ

● 만드는 법

❶ 자몽은 깨끗이 씻고, 5mm 폭으로 반달 모양으로 썬다. 민트는 깨끗이 씻는다.
❷ 열탕소독한 유리병에 ❶과 탄산수를 넣고 뚜껑을 닫은 뒤, 냉장고에 4~5시간 둔다.

part 6 ▶ 심신 안정 효과 레시피

치유되는 향, 카모마일로 느긋한 시간을!
라임 & 카모마일

카모마일은 아줄렌과 플라보노이드 등 안정 효과가 높은 성분을 함유하고 있다. 라임의 구연산 성분은 피로 회복 효과도 있다.

● 재료 (유리병 1ℓ 분량)
라임····································1개
카모마일······························3g
미네랄 워터···························1ℓ

● 만드는 법
① 라임은 깨끗이 씻어서 2mm 폭으로 얇게 썬다.
② 열탕소독한 유리병에 ①과 카모마일, 미네랄 워터를 넣고 뚜껑을 닫은 뒤, 냉장고에 4~5시간 둔다.

part 6 ▶ 심신 안정 효과 레시피

Lavender

Orange

병을 가까이 대면 행복한 향이 감도는
오렌지 & 라벤더

라벤더 향은 기분을 진정시키는 효과가 있다. 오렌지에는 비타민 C가 풍부하게 함유되어 있어 피로 회복에 효과적이다. 피곤할 때 마시고 싶은 한 잔이다.

● 재료 (유리병 1ℓ 분량)

오렌지·······················1개
라벤더·······················2g
미네랄 워터···················1ℓ

● 만드는 법

① 오렌지는 깨끗이 씻어서 5mm 폭으로 둥글게 썬다.
② 열탕소독한 유리병에 ①과 라벤더, 미네랄 워터를 넣고 뚜껑을 닫은 뒤, 냉장고에 4~5시간 둔다.

우울증을 잊게 해주는 향
레몬 & 오레가노

오레가노 향은 신경이 예민해졌을 때 기분을 진정시키는 역할을 한다. 레몬의 구연산 성분이 더욱 기분 전환을 돕는다.

● 재료 (유리병 1ℓ 분량)

레몬 · 1개
오레가노 · 3g
미네랄 워터 · 1ℓ

● 만드는 법

① 레몬은 깨끗이 씻어서 2mm 폭으로 둥글게 썬다. 오레가노는 깨끗이 씻는다.
② 열탕소독한 유리병에 ①과 미네랄 워터를 넣고 뚜껑을 닫은 뒤, 냉장고에 4~5시간 둔다.

part 6 ▶ 심신 안정 효과 레시피

코코넛 워터로 시너지 효과를 노리는
무화과 & 배 & 코코넛

'불로장생의 과일'이라 불릴 정도로 영양가가 높은 무화과와 노폐물 배출 효과가 있는 배를 조합하여 지친 몸에 선물을 주자.

● 재료 (유리병 1ℓ 분량)
무화과 · 1개
배 · 1/2개
코코넛 워터 · · · · · · · · · · · · · · · · · · 1ℓ

● 만드는 법
❶ 무화과는 껍질을 벗기고 반달 모양으로 자른다. 배는 깨끗이 씻고 반달 모양으로 자른다.
❷ 열탕소독한 유리병에 ❶과 코코넛 워터를 넣고 뚜껑을 닫은 뒤, 냉장고에 4~5시간 둔다.

part 6 ▶ 심신 안정 효과 레시피

빨간색 두 가지 식재료의 만남
사과 & 체리

사과산 등의 피로 회복 성분을 함유한 사과와, 치유 성분을 함유한 체리를 조합했다. 둘 다 단맛이 있어 주스처럼 마시기 쉽다.

● 재료 (유리병 1ℓ 분량)
사과 ·······································1/2개
체리 ··8개
미네랄 워터 ·································1ℓ

● 만드는 법
① 사과는 깨끗이 씻어서 반달 모양으로 자른다. 체리는 깨끗이 씻어서 꼭지를 떼고 씨를 제거한 뒤 반으로 자른다.
② 열탕소독한 유리병에 ①과 미네랄 워터를 넣고 뚜껑을 닫은 뒤, 냉장고에 4~5시간 둔다.

one point

사과 껍질은 영양소가 풍부하므로 껍질째 반달 모양으로 자른다.

89

부록

DETOX Water
식재료 사전

고수

- [영양] 비타민 A, 비타민 B_2, 비타민 C
- [효능] 안티에이징, 피부미용, 부종 해소
- [레시피] p.57

고추

- [영양] 캡사이신, 카로틴
- [효능] 다이어트, 냉증 개선
- [레시피] p.22

골드키위

- [영양] 비타민 C, 비타민 E
- [효능] 피부미용, 안티에이징, 다이어트
- [레시피] p.19

구기자

- [영양] 루틴, 탄닌, 비타민 C
- [효능] 안티에이징, 피부미용
- [레시피] p.23, p.72

국화

- [영양] 비타민 E, 엽산
- [효능] 안티에이징, 빈혈 예방
- [레시피] p.68

금귤

- [영양] 비타민 C, 비타민 A
- [효능] 피부미용, 변비 해소
- [레시피] p.33

꿀

- [영양] 비타민 B_1, 비타민 B_2, 엽산, 칼륨
- [효능] 피부미용, 부종 해소, 다이어트
- [레시피] p.42

당근

- [영양] 카로틴, 비타민 A
- [효능] 안티에이징, 변비 해소
- [레시피] p.29

딜

- [영양] 비타민 A
- [효능] 다이어트, 안티에이징, 감기 예방
- [레시피] p.45

딸기

- [영양] 비타민 C
- [효능] 피부미용, 변비 해소
- [레시피] p.19, p.30, p.79

라벤더

- [영양] 플라보노이드, 쿠마린, 탄닌
- [효능] 심신 안정
- [레시피] p.85

라임

[영양] 구연산, 비타민 C
[효능] 피로 회복, 피부미용, 부종 해소
[레시피] p.27, p.53, p.70, p.83

라즈베리

[영양] 비타민 C, 엘라그산
[효능] 피부미용, 안티에이징
[레시피] p.17, p.29, p.39

레몬

[영양] 비타민 C, 구연산
[효능] 다이어트, 피부미용
[레시피] p.13, p.21, p.27, p.45, p.59, p.86

레몬그라스

[영양] 시트랄
[효능] 심신 안정, 다이어트
[레시피] p.48

로즈마리

[영양] 로즈마린산
[효능] 안티에이징, 심신 안정, 부종 해소
[레시피] p.50

로즈힙

[영양] 비타민 A, 비타민 C
[효능] 피부미용, 심신 안정
[레시피] p.15, p.65

루비자몽

[영양] 비타민 C, 식물섬유
[효능] 다이어트, 변비 해소, 심신 안정
[레시피] p.40

리치

[영양] 엽산, 비타민 C
[효능] 피부미용, 빈혈 예방
[레시피] p.20

망고

[영양] 비타민 A, 칼륨
[효능] 부종 해소, 감기 예방
[레시피] p.20, p.55

머스캣

[영양] 칼륨, 비타민 B_1, 비타민 B_6
[효능] 안티에이징, 부종 해소
[레시피] p.74

멜론

[영양] 칼륨, 가바
[효능] 부종 해소, 심신 안정
[레시피] p.61

무화과

[영양] 안토시아닌, 검은 엘라그산
[효능] 안티에이징, 변비 해소, 심신 안정
[레시피] p.29, p.87

민트

[영양] 멘톨, 민트폴리페놀
[효능] 피부미용, 심신 안정
[레시피] p.20, p.34, p.44, p.58

바나나

[영양] 칼륨, 비타민 B_6
[효능] 다이어트, 피부미용, 변비 해소
[레시피] p.32, p.44

바질
[영양] 카로틴
[효능] 안티에이징, 심신 안정
[레시피] p.27

배

[영양] 칼륨
[효능] 부종 예방, 변비 해소, 심신 안정
[레시피] p.36, p.87

복숭아
[영양] 비타민 C, 비타민 E
[효능] 피부미용, 안티에이징
[레시피] p.15, p.71, p.82

붉은 차조기

[영양] 비타민 B_1, 비타민 A
[효능] 변비 해소, 부종 해소
[레시피] p.53

블랙베리

[영양] 안토시아닌, 식이섬유
[효능] 안티에이징, 변비 해소, 부종 해소
[레시피] p.32, p.61

블루베리

[영양] 안토시아닌
[효능] 안티에이징, 눈 피로 회복
[레시피] p.17, p.35, p.71

사과

[영양] 사과폴리페놀, 칼륨
[효능] 안티에이징, 부종 해소
[레시피] p.29, p.47, p.89

사프란

[영양] 베타카로틴, 크로세틴
[효능] 심신 안정, 안티에이징, 피부미용
[레시피] p.81

산초

[영양] 산초 오일
[효능] 변비 해소, 다이어트, 심신 안정
[레시피] p.33

생강

[영양] 진저롤, 쇼가올
[효능] 냉증 예방, 다이어트
[레시피] p.42, p.57

서양배

[영양] 칼륨, 식이섬유

[효능] 부종 해소, 변비 해소, 심신 안정

[레시피] p.58

석류

[영양] 비타민 C, 구연산

[효능] 피부미용, 피로 회복, 안티에이징

[레시피] p.65

세이지

[영양] 탄닌, 칼륨

[효능] 안티에이징, 생기 회복, 부종 해소

[레시피] p.74

셀러리

[영양] 칼륨, 비타민 B_1

[효능] 부종 해소, 피로 회복

[레시피] p.22, p.29

수박

[영양] 리코핀, 칼륨, 시트룰린

[효능] 안티에이징, 부종 해소

[레시피] p.51

시나몬스틱

[영양] 칼슘, 철분

[효능] 다이어트, 부종 해소, 피부미용

[레시피] p.13, p.47, p.71, p.81

엘더플라워

[영양] 비타민 A

[효능] 심신 안정, 감기 예방

[레시피] p.21

영귤

[영양] 칼륨, 비타민 A

[효능] 부종 해소, 감기 예방

[레시피] p.56

오레가노

[영양] 비타민 K, 로즈마린산

[효능] 심신 안정, 안티에이징

[레시피] p.86

오렌지

[영양] 비타민 C, 비타민 B_1, 비타민 B_2

[효능] 피부미용, 다이어트, 심신 안정

[레시피] p.13, p.43, p.85

오이

[영양] 칼륨

[효능] 부종 해소

[레시피] p.51

월계수

[영양] 시네오일, 리오날

[효능] 심신 안정, 냉증 예방, 소화 촉진

[레시피] p.81

유자

[영양] 비타민 C, 리모넨
[효능] 피부미용, 다이어트
[레시피] p.23, p.36, p.42, p.73

자두

[영양] 칼륨, 비타민 A
[효능] 부종 해소, 안티에이징, 피부미용
[레시피] p.69

자몽

[영양] 비타민 C
[효능] 피부미용, 심신 안정, 부종 해소
[레시피] p.50, p.82

장미 잎

[영양] 비타민 C, 폴리페놀
[효능] 변비 해소, 피부미용, 심신 안정
[레시피] p.31

재스민

[영양] 비타민 C, 벤질아세테이트(향 성분)
[효능] 피부미용, 심신 안정, 부종 해소
[레시피] p.59, p.79

정향

[영양] 오이게놀, 망간, 칼륨
[효능] 안티에이징, 부종 해소
[레시피] p.57, p.71

차조기

[영양] 비타민 A, 철분
[효능] 변비 해소, 감기 예방, 빈혈 예방
[레시피] p.33

체리

[영양] 안토시아닌, 칼륨
[효능] 부종 해소, 안티에이징, 심신 안정
[레시피] p.67, p.89

치아시드

[영양] 오메가3 지방산, 식물섬유
[효능] 변비 해소, 다이어트
[레시피] p.35, p.45

카르다몸

[영양] 초산 테르피닐, 시네오일
[효능] 심신 안정, 다이어트
[레시피] p.43, p.81

카모마일

[영양] 아줄렌, 플라보노이드
[효능] 변비 해소, 심신 안정
[레시피] p.34, p.83

카보스(유자)

[영양] 비타민 C
[효능] 안티에이징, 피부미용
[레시피] p.16, p.68

쿠민

[영양] 철분, 쿠민알데히드

[효능] 빈혈 예방, 다이어트, 안티에이징

[레시피] p.43

키위

[영양] 비타민 C, 비타민 E

[효능] 피부미용, 안티에이징, 다이어트

[레시피] p.45

타임

[영양] 플라보노이드, 탄닌, 사포닌

[효능] 안티에이징, 다이어트

[레시피] p.48, p.73

파인애플

[영양] 구연산

[효능] 다이어트, 변비 해소, 심신 안정

[레시피] p.19, p.39, p.67, p.81

파파야

[영양] 비타민 A, 칼륨

[효능] 안티에이징, 부종 해소

[레시피] p.55

파프리카(적), 파프리카(황)

[영양] (적) 캡사이신 / (황) 비타민 C

[효능] (적) 대사 촉진, 다이어트
(황) 피부미용, 안티에이징

[레시피] p.16

팔각

[영양] 아네톨, 리모넨

[효능] 심신 안정, 다이어트

[레시피] p.40

펜넬

[영양] 아네톨, 플라보노이드

[효능] 정장 작용, 안티에이징

[레시피] p.56

포도

[영양] 비타민 B_1, 레스베라트롤

[효능] 안티에이징, 피부 미용

[레시피] p.20, p.70

풋사과

[영양] 사과폴리페놀, 칼륨

[효능] 안티에이징, 부종 해소

[레시피] p.57

프룬

[영양] 철분, 비타민 A, 칼륨

[효능] 심신 안정, 빈혈 예방, 부종 해소

[레시피] p.82

후추(블랙 페퍼)

[영양] 피페린

[효능] 다이어트, 냉증 개선, 안티에이징

[레시피] p.22, p.33, p.50

병 샐러드로 시작하는 디톡스 워터

2016. 6. 15. 1판 1쇄 인쇄
2016. 6. 22. 1판 1쇄 발행

지은이 | 카와세 리나
옮긴이 | 김해영
펴낸이 | 이종춘
펴낸곳 | BM 주식회사 성안당

주소 | 04032 서울시 마포구 양화로 127 첨단빌딩 5층(출판기획 R&D 센터)
| 10881 경기도 파주시 문발로 112(제작 및 물류)
전화 | 02) 3142-0036
| 031) 950-6300
팩스 | 031) 955-0510
등록 | 1973. 2. 1. 제406-2005-000046호
출판사 홈페이지 | www.cyber.co.kr
ISBN | 978-89-315-7941-3 (13510)
정가 | 9,800원

이 책을 만든 사람들
책임 | 최옥현
진행 | 김해영
교정·교열 | 조혜란
본문 디자인 | 김인환
표지 디자인 | 박현정
홍보 | 전지혜
국제부 | 이선민, 조혜란, 김해영, 김필호
마케팅 | 구본철, 차정욱, 나진호, 이동후, 강호묵
제작 | 김유석

이 책의 어느 부분도 저작권자나 BM 주식회사 성안당 발행인의 승인 문서 없이 일부 또는 전부를 사진 복사나 디스크 복사 및 기타 정보 재생 시스템을 비롯하여 현재 알려지거나 향후 발명될 어떤 전기적, 기계적 또는 다른 수단을 통해 복사하거나 재생하거나 이용할 수 없음.

※ 잘못된 책은 바꾸어 드립니다.

JAR DE HAJIMERU DETOX WATER
ⓒ Lina Kawase, Studio Porto, Futabasha 2015
All Light reserved.
First published in Japan in 2015 by Futabasha Publishers Ltd., Tokyo.
Korean translation rights arranged with Futabasha Publishers Ltd.
through BC Agency.
Korean translation copyright ⓒ 2016 by Sung An Dang, Inc.

이 책의 한국어 판 저작권은 BC Agency를 통한
저작권자와의 독점 계약으로 BM 주식회사 성안당에 있습니다. 저작권법에 의해
한국 내에서 보호를 받는 저작물이므로 무단전재와 복제를 금합니다.